와룡동의 아이들 1

와룡동의 아이들 1

초 판 발행 2007년 12월 17일
개정판 발행 2025년 8월 4일

글·그림 전하리

펴낸이 전미경
펴낸곳 전하리출판사
주소 서울 성북구 선잠로2길 18-16
전화 070-4065-0507 **팩스** 070-4065-0507
이메일 cloverjhr@naver.com
블로그 blog.naver.com/blessingluck2072
출판등록 제25100-2025-034호

디자인 인디자인
인쇄·제본 예림인쇄

ISBN 979-11-992798-1-0 04800
ISBN 979-11-992798-3-4(세트)

ⓒ 2025, 전하리

* 책값은 뒤표지에 표시되어 있습니다.
* 잘못된 책은 구입하신 서점에서 바꾸어 드립니다.

1970년대 유년 시절을 보낸 저자의 자전적 추억 에세이

와룡동의 아이들 1

전하리 글 · 그림

전하리 출판사

목차

01 첫눈　　　　　　　　　　7

02 별들에게 물어봐　　　117

03 큰언니　　　　　　　225

작가의 말　　　　　　　308
추천의 글　　　　　　　311

① 첫눈

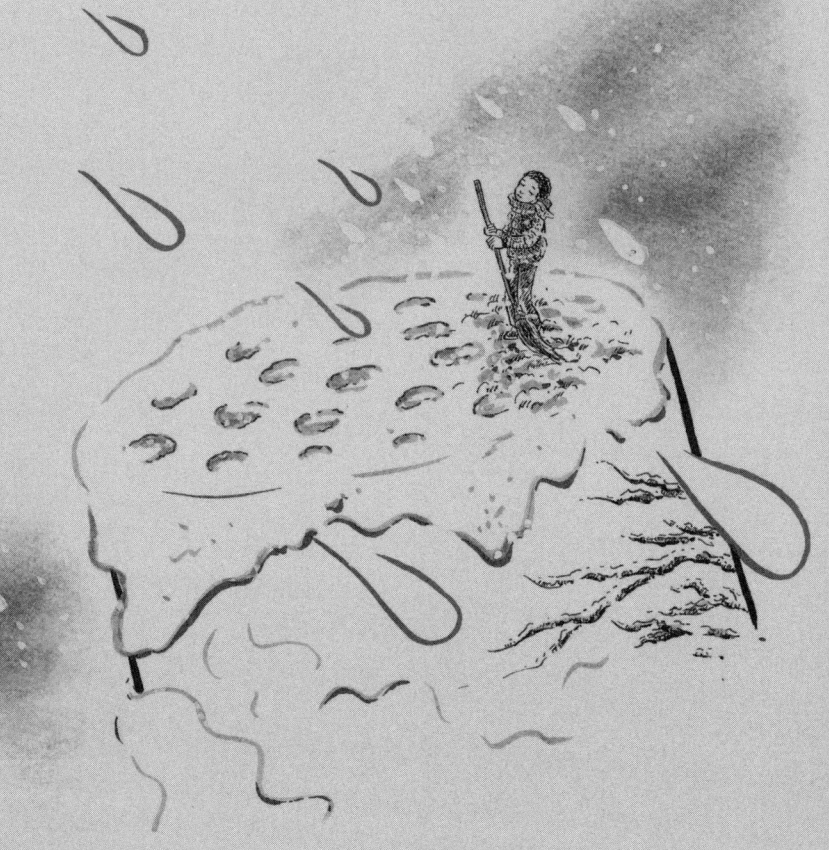

"펄펄 눈이 옵니다, 하늘에서 눈이 옵니다."

산동네 아이들에게 하늘에서 내리는 새하얀 눈은
한없는 하나님의 축복이다.
온 세상이 동화 속 하얀 얼음 궁전으로 바뀌었을 때의
경이로움이란!

삼청동 낮은 산자락 밑에 걸터앉아
언덕 위에 자리 잡은 와룡동.

그곳에서 내려다보이는
고귀하고 순결한 겨울 하늘의 선물은
아이들에게 한없는 꿈을 주기에 충분했다.

아이들의 눈과 입에 녹아내리는 하얀 눈은
때로는 동네 아기들의 돌잔치 때 먹던 백설기였으며,
처마 밑의 고드름은 여름내 그토록 침 흘리며
먹고 싶었던 아이스케키가 되었다.
그 무더운 한여름의 한을 모조리 털어내듯,
처마 밑 고드름을 뽀드득뽀드득 이가 시리도록 먹고
또 먹던 그런 시절이었다.

싸박싸박 싸리눈이 한 차례 내리더니
다시금 발목까지 차오른 눈밭 위에
첫눈이라고 하기엔 너무도 커다란 함박눈이
쏟아져 내리고 있었다.
집 앞 내리막 비탈길의 눈을 쓸어
작은 길을 만들어 내던 명호는
싸리 빗자루를 손에 든 채 끊임없이 떨어지는 눈을 보며
회색빛 먼 하늘 깊숙한 곳을 응시하였다.

별꽃보다도 예쁜 얼굴로
보석처럼 빛을 내며 나풀나풀 떨어지는 하얀 눈의 결정체.
하늘 너머에 계신, 이토록 맑고 예쁜 눈을 만드신 하나님은
한없이 아름다운 분일 것이라 상상하며
명호는 다시금 싸리비질에 힘을 모았다.

명호는 손등 위에 떨어진 동전만 한 함박 눈송이를 바라보다
살며시 입김을 불어 보았다.

이내 스르르 녹아
이슬방울처럼 변해 버리는 눈송이를 바라보며
자신은 입김과 같은 그 어떤 시련도 견디며 이겨내리라
다짐하였다.

그리고
하얀 눈처럼 욕심 없고 거짓 없는 맑은 세상이기를,
그리고 또 언젠가는,
하얀 눈처럼 하얀 쌀밥을 배가 부르도록 먹어 볼 그날이
빨리 오기를 기도하고 또 기도하였다.

명호는 엄마의 가장 든든한 장남, 육남매 중의 첫째이다.

며칠째 눈을 기다리던 둘째 미화와 셋째 미경이는

날이 밝기도 전에 아침 일찍 일어나

좁은 앞마당에 눈이 쌓이기가 무섭게

또다시 눈사람을 만들고 또 만들어 내고 있었다.

그도 그럴 것이

가족 한 사람 한 사람에 맞춰 눈사람 가족을 만들자니

할머니까지 포함해서 족히 여덟 식구가 넘었기 때문이다.

마당 한 켠, 눈이 탑처럼 쌓인

장독 항아리들의 뚜껑 위에는

고만고만한 꼬마 눈사람들이

동짓날 팥죽 속에 들어 있는 새알처럼

하얗게 둥지를 틀고 옹기종기 모여 앉아 있었다.

이마에 땀이 맺히도록 싸리비질을 하고 안방에 들어온 명호는
어느새 엄마와 마주 앉아 있었다.

명호는 어깨 너비만큼 팔을 벌린 채
양팔에 걸린 실타래를 풀었다.
엄마는 털실을 감고
명호는 팔에 감은 털실 타래를
왼쪽에서 오른쪽으로 돌렸다.

엄마의 자줏빛 스웨터에서 밤새 풀려 나온,
라면보다 꼬불꼬불한 털실이
명호와 엄마 사이에서 끓고 있는
주전자의 수증기를 스쳐 지나오면,
털실은 언제 꼬불꼬불했냐는 듯
이내 다림질이라도 한 것처럼 힘없이 펴져
새 실로 탄생하고 있었다.

명호의 팔 돌리기가 빨라지면
엄마의 손놀림도 바빠졌다.
석유곤로 위의 주전자도
이에 질세라 재빠르게 수증기를 뿜어 내어
세 평 남짓 작은 벽돌 방을 훈훈하게 데웠다.

늦가을 엄마의 스웨터는 언제나

육남매의 모자나 장갑으로,

때로는 조끼나 목도리로 다시 탄생하곤 했다.

해마다 이 옷 저 옷에서 남겨진 조각조각 실 뭉치들은

엄마의 여문 손끝에서 무지갯빛 오색 고운 털장갑으로

태어나기도 하였다.

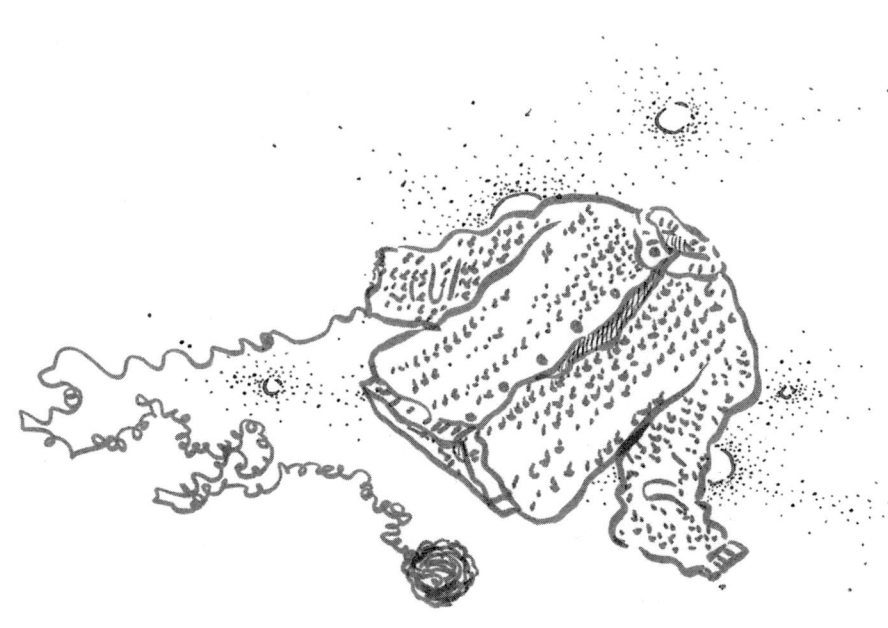

"엄마! 엄마 스웨터를 풀어서 우리 장갑을 다 짜 버리면
엄마 스웨터는 없어지잖아요……."

마음이 여린 명호는,
자식들의 장갑을 만들기 위해
당신이 입고 있던 털 스웨터를 풀어낸 엄마가
안쓰럽기도 하고,
그런 혜택을 받아 누리는 자신이
불효자가 된 듯 죄스럽게도 느껴졌다.

"없어지기는……. 엄만 입은 거나 마찬가지란다.
이 스웨터 한 벌이면 너희 육남매 장갑이 다 나오는데?
작년에 끼던 장갑들은 어디서 짝을 잃어버렸는지
한 짝씩 돌아다니는 것도 있고…….
이렇게 갑자기 눈이 내리니
엄마가 더 부지런히 떠야겠구나."

엄마의 스웨터가
명호의 눈앞에서 흔적조차 없이 사라지고 있는데도
엄마는 여전히 따뜻하고 평온한 미소를 머금고 계셨다.

"엄마, 제 건 없어도 돼요. 저는 다 컸잖아요."
"그래, 다 컸지. 우리 명호."
엄마는 환한 미소를 지었다.

겨우내 끼고 다녔던 육남매의 털장갑은
봄이 오면 어느새 육남매 중 누군가의 조끼로 변신하였다.
명호는
대바늘을 쥔 엄마의 손가락이 자주 빨갛게 부어 있었기 때문에
더욱 가슴이 아팠다.

엄마 손에 길들여져 동글동글해진 대바늘 코끝만이
반짝반짝 빛을 내고 있었다.

"그러니까 제 건 만들지 마세요……."
명호는
겨울마다 엄마의 스웨터를 빼앗아가는 가난이
원망스러웠다.

실타래를 리듬에 맞추어 풀어내면서도

명호의 얼굴은 자꾸만 방바닥으로 향하였다.

"에구, 우리 효자 아들……"

엄마는 감고 있던 실뭉치를 내려놓고 명호의 어깨를 툭툭 두드렸다. 그 순간, 엄마의 눈에도 이슬 같은 눈물이 고이고 있었다.

그날, 그 일만 없었더라면……

우리 아이들이 이렇게 추운 겨울을 보내진 않았을 텐데.

다른 아이들처럼 따뜻한 털잠바도 입혀줄 수 있었을 텐데.

엄마는 삼남매를 데리고 서울로 올라왔던

그날을 떠올리고 있었다.

시골에서 대가족의 장남으로 자란 아버지는
논일, 밭일은 물론 대목장이셨던 할아버지의 일까지
도맡으며 살아오셨다.
그러나 생각보다 힘든 시골 생활을
자녀들에게 물려주고 싶지 않다는 생각을 늘 해오셨다.
"내 아이들만큼은 도시에서 키우겠다."

할아버지, 할머니가 다 돌아가시자
먼저 서울로 올라와 일을 시작하신 아버지는
엄마에게 집과 남은 토지를 정리해 올라오라고 하셨고,
엄마는 그렇게 모든 짐을 꾸려 아이들과 함께
서울행 기차에 올랐다.

그날, 명호와 미화, 미경이를 데리고
서울역에 도착한 엄마의 손에는 전 재산이라 할 수 있는
큰돈과 옷가지가 담긴 가방이 들려 있었다.

그러나 약속 장소에 당연히 마중 나와 계실 줄 알았던
아버지는 두 시간이 지나도록 나타나지 않으셨다.

아이들과 낯선 서울역 거리에 서서
애타게 남편을 기다리는 시간이 점점 흘러
세 시간을 향해 가자, 초조해진 엄마는
남편에게 무슨 사고가 생긴 것은 아닐까 하는 걱정에 사로잡혔다.
불안해진 엄마는 더 이상 기다리지 못하고
남편의 일터인 공사 현장으로 가기 위해
택시 정류장으로 발을 떼었다.
그때였다.

중절모를 쓴 점잖은 신사가 엄마에게 다가왔다.
"짐이 무거워 보이네요. 아이들도 챙기셔야 하니,
제가 택시 타는 곳까지만 가방을 들어 드리겠습니다."
그는 친절하고 정중하게 말을 건넸다.

엄마는 조심스러운 마음에 잠시 망설였지만,
신사의 선한 인상과 친절에 이내 마음이 풀렸다.
"그럼 택시 정류장까지만 부탁드립니다. 감사합니다."
엄마는 그에게 무겁던 그 가방을 맡겼다.

얼마나 갔을까.

갑자기 그 신사가 빠르게 걷더니,

그 가방을 든 채 쏜살같이 달리기 시작했다.

"도둑이야! 도둑!
저기 도둑 잡아요!"

엄마는 크게 외쳤지만,

수많은 사람들 틈 속으로 사라져 버린 그는 끝내 보이지 않았다.

명호 가족의 꿈이 송두리째 사라지는 순간이었다.

운명의 장난인가.
그 시각, 아버지는 공사장에서 사고로 다친 인부를 싣고
서울역에 있는 가족들을 뒤로한 채
급히 병원을 향해 가고 있었다.

그날의 사건은 명호네 가족에게 너무도 큰 상처를 남겼다.
역전 파출소에서 눈물로 호소했지만
끝내 범인은 잡을 수 없었다.

숙명처럼 닥친 사건,
피할 수 없는
가난의 문턱은
그렇게 열렸다.

엄마는 마주 앉은 명호의 슬픈 표정을 보며
다시는 꺼내고 싶지 않았던 그 기억을
또다시 떠올리고 있었다.

그칠 줄 모르고 내리는 하얀 첫눈은
엄마의 마음을 더욱 무겁고 슬프게 짓누르고 있었다.

방학이라 아침부터 눈사람을 만들고
눈싸움을 하며 놀던 미화와 미경이가
어디선가 구한 비닐 포대 자루로 신나게 눈썰매를 타다가
방문을 열고 들어왔다.

"엄마, 엄마! 손이 가려워. 이것 봐! 빨갛게 됐어."

"엄마, 나도 똑같이 빨개졌어. 어떡해?"

미화와 미경이는 찬 바람을 온몸에 잔뜩 묻히고 들어와서는 연방 호들갑이었다.

엄마는 미화와 미경이의 얼어붙은 손을
아랫목 이불 속에 집어넣어 주었다.
곧이어 대바늘을 잡은 엄마의 손이
또다시 빠르게 움직이기 시작했다.

앞마당에서 눈사람을 처음 만들어 보는 미숙이의 손에는
어느새 자줏빛 벙어리장갑이 제일 먼저 끼워져 있었다.

"조금만 기다려라. 엄마가 금방 너희들 장갑도 떠줄 테니……."

가을 홑겹 옷을 여러 벌 껴입은 엄마의 어깨는
유난히 작아 보였다.

엄마는 깊은 밤을 호롱불처럼 밝히며
밤을 꼬박 새워 육남매의 장갑을 떴다.

자신을 희생하며 주위를 밝히는 촛불.
엄마는 그런 촛불 같은 존재…….

첫눈의 행진은

다음 날까지 계속 이어졌다.

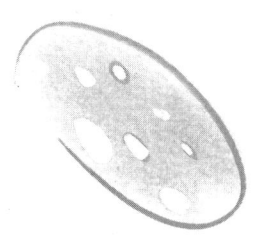

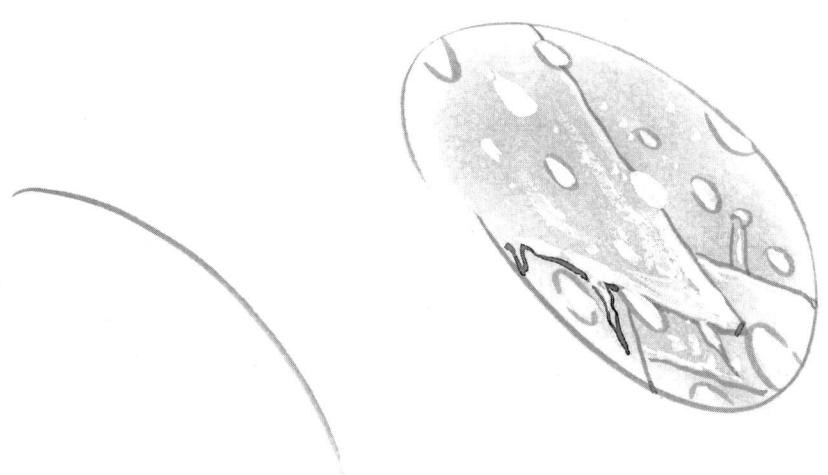

"에고고……
어쩔거나……."

하루 벌어 하루 살아가는 명호네 집에서 연탄이 떨어진 일은
비단 이번만이 아니었다.
온기 없는 냉방에서 이 많은 식구들이 추위에 떨 것을 생각하니,
'누구를 찾아가 볼까……'
엄마는 아는 얼굴들을
한 사람 한 사람 떠올려 볼 수밖에 없었다.

아침 일찍 눈밭을 걸어갈 남편의 발이 시리지 않도록
미리 부뚜막 위에 올려놓은 감색 운동화도
온기를 잃어가고 있었다.

하얗게 타버린 연탄재처럼
엄마의 머리칼도 그렇게
하얗게 물들어버릴 것만 같았다.

출근을 하려다가,
빈 연탄집게를 들고 생각에 잠긴
엄마의 뒷모습을 본 아버지는
애써 못 본 척 뒤돌아섰다.

대가족의 가장으로서 면목이 없는 아버지의 가슴엔

연탄 구멍보다 더 많은

탄식의 구멍이 생겨나고 있었다.

"여, 여보, 다녀오리다.
연탄이 떨어질 때쯤 된 것 같은데, 퇴근할 때 연탄을 사 오리다.
눈이 이렇게 많이 오니,
아이들 감기 걸리지 않게 옷이라도 한 벌씩 더 입혀야겠소.
추위가 만만치 않구려."

'여보, 미안하오. 고생만 시키고……'

새로 맡은 공사의 현장소장은 제 날짜에 임금을 주지 않고
자꾸만 내일로 내일로 미루었다.
하루하루 빠듯하게 꾸려가는 가계는
대책 없이 흔들렸다.
종종 벌어지는 일이었다.
그나마도 겨울이면 일감이 떨어지기 일쑤였다.

아버지의 뒷모습이 유난히 쓸쓸해 보인다.
작아 보인다……

명호는,

오늘도 와룡동에서 서대문까지

눈밭 길을 헤치며 걸어가실 아버지를 생각하며,

또 매서운 추위 속 공사장에서

무거운 철 연장을 들고 일하실

목수 아버지를 떠올리며,

어제부터 내리는 눈이 이제는 제발 그쳐 주길 간절히 기도하였다.

"어?

아침부터 밥도 안 먹고 우리 명호가 어딜 갔지?"

새벽녘, 마지막으로 뜬 장남 명호의 장갑을 들고 있던 엄마가 걱정스러운 얼굴로 말했다.

변소 문까지 열어보았지만 명호는 어디에도 없었다.

무엇보다 아랫목 이불 속에 넣어 둔 양은 밥그릇이

온기를 잃어가고 있는 방에서 언제 식어버릴지 걱정스러웠다.

"우리 명호는 아침부터 어딜 간 거야?

이렇게 눈도 오고 날도 추운데……."

'밥이라도 따뜻하게 먹어야 하는데…….'

식어가는 방바닥에 엄마의 마음은 어찌할 바를 모르고 있었다.

챙! 챙! 챙!

철부지 섬 소년 같은 셋째 미경이는
올겨울 들어 처음 열린 고드름을 따가지고
사내아이들과 오후 내내 칼싸움을 하고 있었다.

큰딸 미화가 등 뒤에 무언가를 감춘 채
아이들과 놀고 있는 미경이 앞으로 다가왔다.

"미경아, 우리 내기하자!"

"지금 내가 들고 있는 고드름이 네 것보다 크면,
오늘 네 밥 한 숟가락을 내게 주고
내 것보다 네 고드름이 더 크면 내 밥을 몽땅 네게 주마!"

"뭐?"

미경이는 잠시 머뭇거리더니 말했다.

"그래, 좋아! 약속 지키기!"

미경이는 가지고 놀던 고드름 작대기를
헌신짝 버리듯 내팽개치고 급히 집 뒤뜰에 달려가는가 싶더니
한참 만에 장대만 한 고드름을 들고 나왔다.

"어때? 이 정도면!"
자신의 키를 훌쩍 넘는 긴 고드름을
장군의 칼처럼 휘두르며
미경이는 의기양양하게
언니 미화를 향해 소리쳤다.

"뜨아아아……."

짧은 머리카락을 바람에 날리며 신나게 달려오는
미경를 바라보던 미화는 할 말을 잃었다.

미화가 차마 엄두도 내지 못하고 있던
뒤뜰 굴뚝 끝에 높이 달려 있던 고드름.
지난여름 변소 간에 빠진 돈을 주워
하드를 사 먹고 만 독한 계집애 미경이가
겁도 없이 굴뚝 담을 밟고 올라가 그 큰 고드름을 따 온 것이다.

"허걱! 어떻게 그걸!"

미화의 얼굴은 금세 멍든 감처럼 울그락불그락해졌다.

"에잇! 우걱!"

"빠사삭!"

순간 동생 미경에게 달려온 미화는
미경이가 들고 있던 고드름을 한 입 두 입 크게 베어 물고는
곧 과자처럼 와구와구 씹어 먹기 시작했다.

"하하하! 이제 내 고드름이 더 크지롱!
네 밥 한 숟갈 나한테 덜어줄 생각 해라! 메롱!"

평소 동생들의 먹을 것을
이런저런 핑계로
야금야금 뺏어 먹던 미화가
도망치며 말했다.

"이 반칙대장아, 거기 안 서!
당장 거기 섯!"
미경이는 끝까지 자기 고드름이 크다고 우기는 언니 미화를 질세라 뒤쫓기 시작했다.

"헤헤헤, 나 잡으면 용치!"
"당장 거기 서라고!"

하얀 눈이 쌓인 길 위에
두 자매는 서로 발자국 도장을 남기며
서로 쫓고 쫓았다.

"엄마한테 다 이를 거야!
이 나쁜 언니야!"

"어! 그런데 오빠가 저기서 뭐 하지?"

언니 미화를 뒤쫓던 미경이는

멀리 친구와 함께 서 있는 오빠 명호를 발견했다.

"응? 오빠가 저기서 뭐 하는 거야?

아까부터 엄마가 찾아다녔는데……."

미경이가 오빠를 쳐다보고 있는 사이에

언니 미화는 '이때다!' 하며 집을 향해 줄행랑을 쳤다.

"어때, 넌 얼마 가져왔냐?"

"난 십환!"
명호가 대답했다.

"나도 십환인데……."
친구 철희가 말했다.

"좋았어! 그럼 가자!"
"그러자!"

멀리 산 아래로 사라져 가는 명호 오빠와 철희 오빠를 미경이는 고개를 갸웃하며 바라보았다.

"아무리 찾아봐도 없어요."
추운 산동네를 한 바퀴 돌고 온 미화는
불만이 섞인 목소리로 엄마에게 말했다.

"이렇게 추운데 아침, 점심도 굶고 저녁 시간까지…….
대체 어디에 간 걸까?"
엄마는 이제 식어 가는 밥보다
명호에게 무슨 일이 생긴 건 아닌가 하는
걱정이 더 앞섰다.

겨울이면 아버지의 목수 일이 줄어들어
아침, 저녁은 대부분 꽁보리밥이었다.

밀가루 죽, 수제비는 늘 단골 메뉴로 등장하곤 해서
육남매는 일감이 늘어 하얀 쌀밥을 많이 먹을 수 있는 봄을
기다리고 또 기다리곤 했다.

"어? 엄마!
오빠가 철희 오빠를 만나는 걸 봤는데요?"

"그래? 그럼 철희랑 어디 놀러 갔나?"

아침밥도 거르고 나간 장남 명호가
체한 듯 마음에 걸려 엄마는 수저를 내려놓았다.

수제비를 김칫국에 넣어 끓인 김치수제비는

온기 없는 방 안에서

딱풀처럼 굳어가고 있었다.

눈이 많이 내리고 있는 종로의 밤거리는
기어다니는 차들로 북새통이다.

그도 그럴 것이 영하 18도의 추운 날씨에
쌓인 눈은 얼음으로 변했고,
곳곳에서 제멋대로 미끄러지는 차들로 인해
거리는 아수라장을 방불케 했기 때문이다.

시내의 자동차들이 거북이보다 느리게 걷고 있을 때
고단한 차장 언니도
살짝 도둑잠을 청하고 있었다.

"잉?"

저놈이 누구여! 딸 부잣집 장남 명호 같은디?

내가 잘못 봤는감?

평소에도 술을 즐겨 마시던

명호 아빠의 친구인 신 씨 아저씨.

붉은 알코올 기운이 코로 몰린 듯 '딸기코'라는 별명을 가진,

같은 동네 13통 3반에 사는 신 씨 아저씨가

버스 창문 안에 가득한 뿌연 성에를 닦으며

차창 밖을 쳐다보았다.

"아닌디?

저런 일을 할 놈이 아닌디?"

신 씨는 술에 취한 두 눈을 거친 손으로 비비며 혼잣말을 했다.

냠냠

달그락 달그락

미화는 낮에 있었던 고드름 내기를 거들먹거리며
동생 미경의 수제비 그릇에 수저를 집어넣어
자기 그릇에 한껏 옮겨 담고 있었다.

수제비 그릇 밑바닥이 점점 드러나자
미화는 "진짜 맛있다. 맛있어!"를 연발하며
얼마 남지 않은 미경이의 그릇 안을 들여다보았다.

"네 오빠는 하루 종일 밥을 먹었는지 안 먹었는지,
어디서 뭘 하고 있는지, 소식이 깜깜한데
넌 오빠 걱정도 안 되니?"

제법 철든 모습을 보이는 순간이 많아져
가끔 엄마를 깜짝 놀라게 하는 미화지만
배고픔만은 잘 참지 못했다.

"날도 추운데, 저녁때까지 어디서 무엇을 할꼬······."
아침밥이 식을세라 솜이불 속에 꼭꼭 넣어 둔 양은 그릇을
엄마는 몇 번이고 손을 넣어 확인하곤 하였다.

그때였다.

"어, 어, 엄마."
창호지 문을 울리며 나지막하게 들리는
작은 목소리.

방문 밖에서 하루 종일 기다리던
명호의 목소리가 들려왔다.

떨리는 명호의 목소리가
땅으로 떨어지기도 전에
엄마는 재빨리 방문을 열었다.

벌컹

"......."
순간 엄마는 말을 잃었다.
내리는 눈 속에
석고상처럼 서 있는 명호.

"며, 며, 명호야!"
초췌한 얼굴의 명호는
온몸에 흰 눈을 뒤집어쓴 채
문 앞에 서 있었다.

온몸이 눈 속에 묻혀 꽁꽁 얼어버린 채
초췌한 모습으로 서 있는 명호의 조그마한 양손에는
새끼줄에 매달린 연탄 두 덩이가 들려 있었다.

"이, 이거는……."

차마 더 이상 말을 잇지 못하고 맨발로 달려 나간 엄마.

엄마는 할 말을 잃은 채, 시야 속에서 한없이 뿌옇게 흐려지는 장남 명호를 그저 서럽게 바라볼 뿐이었다.

"엄마가 국, 국화빵 사 먹으라고
그동안 주셨던 돈을 모아서
철희랑 같이
신, 신문을 팔았어요, 엄마!
엄마, 더 추, 추워지기 전에
얼른 이 연탄 때세요……."

명호는 더 이상의 추위와 배고픔과 피로를 이기지 못하는 듯 심하게 몸을 떨며 말을 떠듬거렸다.

새끼줄에 묶인 채 아들의 작은 손에 들려 있는,

가난한 엄마의 삶의 무게를 실은 검은 연탄 두 장…….

"며, 며, 명호야!"
엄마는 와락 명호를 끌어안았다.
"어, 엄마!"
명호는 그제야,
손에 감각이 없을 정도로 꽉 쥐고 있던 연탄 새끼줄을 놓고는
낮 동안 너무도 그리웠던 엄마의 따스한 품에
아기처럼 안겨들었다.

그 순간,
명호의 눈에도
엄마의 눈에도
진한 눈물이 뜨겁게 흘러내리고 있었다.

"내 아들……
사랑하는 명호야!

미안하구나……
정말 미안해……"

내 아들…… 내 사랑 명호야.

얼마나 추웠니……

얼마나, 얼마나……

내 아들…… 착한 내 아들 명호야……."

"다시는, 다시는……."

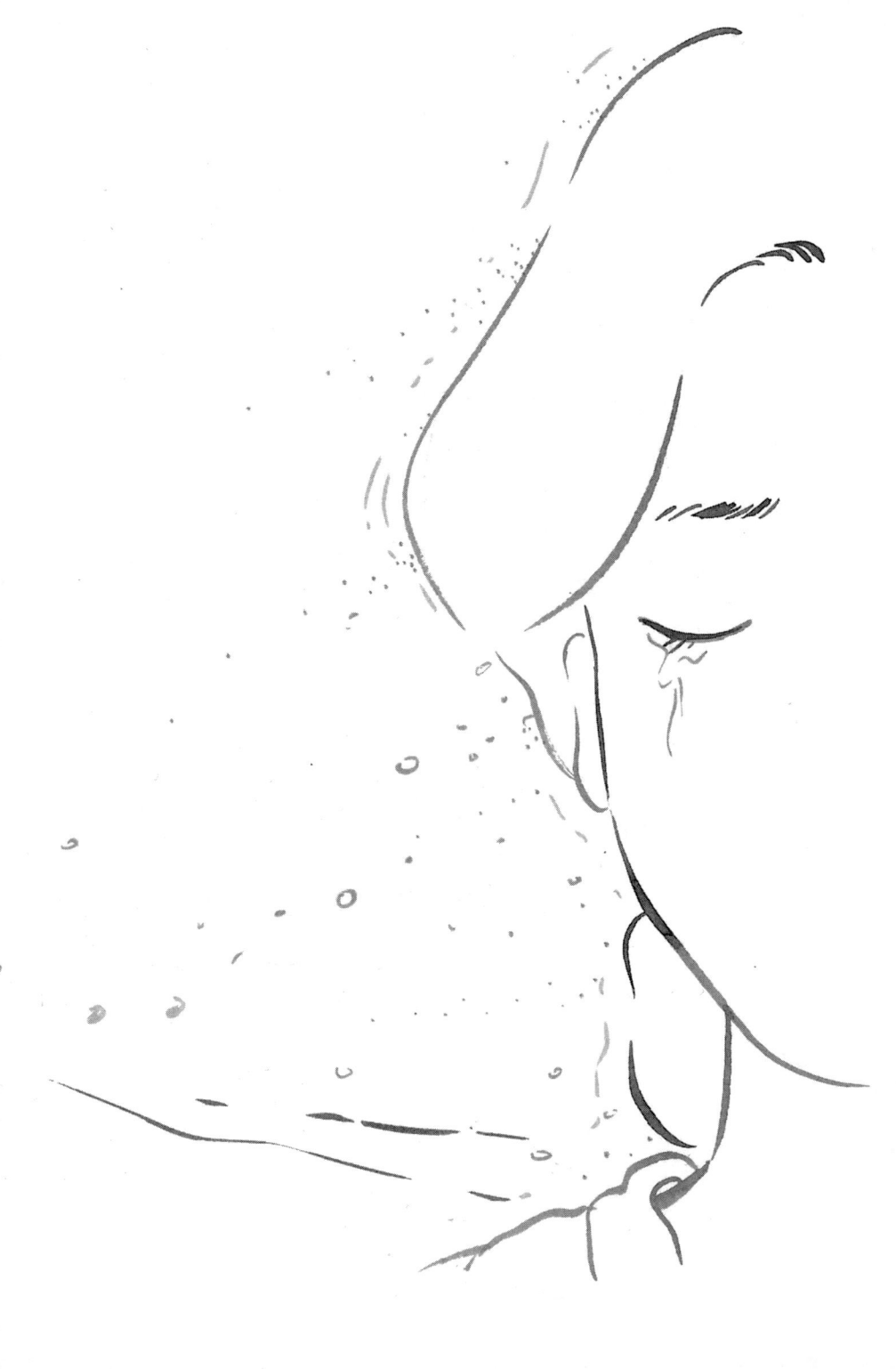

방 안에서 흘러나오는 백열등 불빛이
햇빛보다 더 따사롭게 이들을 감싸줄 때에도
서러운 첫눈은 그렇게 엄마의 맨발 위에,
그리고 검정 새끼줄에 매달린 연탄 위에
쉬지 않고 내리고 또 내리고 있었다.

오빠, 기억나?
오래전
첫눈이 발목까지, 가슴속까지 차오르던
그날 말이야.

그날 밤
하얀 눈밭 위에서 오빠가 힘겹게 들고 있던 그 연탄 두 장.

서럽던 그 밤,
놀랍던 그 밤을
어른이 된 지금도 나는 잊을 수가 없어.

하루 종일 추위에 떨며
수줍은 미소로 신문을 팔았을 오빠.

그날 밤
철없던 우리는 오빠가 들고 온 그 연탄 덕분에
그 어느 겨울보다도 따뜻한 밤을 보냈어.

어린 자식이 들고 있던 심장 같은 연탄.
그 연탄이 불꽃 속에서 하얗게 타들어갈 때
엄마의 가슴도, 아빠의 가슴도 하얗게 타들어갔겠지.

재가 되어 스러져가는 그 슬픔 속에서도
세상 누구보다 따스한 가슴을 지닌 오빠가 있었기에
우린 지금도 행복할 수 있어.

오빠!
이제 다시는 춥지 않은 하늘나라에서
따스하게 지내고 계실 엄마, 아빠를 생각하며
이 세상 사는 동안 부모님의 사랑만큼 뜨거운 사랑을 더욱 나누는
우리 형제들이 되자.

오빠, 그날
그 사랑, 정말 고마웠어.

언제까지나 오빠의 따뜻하고 착한 그 마음, 잊지 않을게.

2 별들에게 물어봐

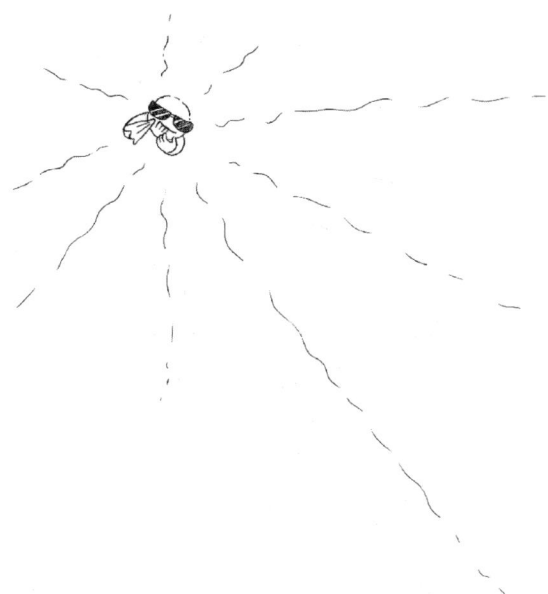

산동네 중턱에 자리 잡은 학교의 운동장에는
이제 곧 여름방학이 얼마 남지 않았음을 증명하듯
뜨거운 햇살이 푹푹 내리쬐고 있었다.

운동장 주변에 서 있는 키다리 포플러 나뭇잎들은
찜통 햇살을 아랑곳하지 않고
마치 일광욕을 즐기기라도 하듯이
은빛으로 찰랑거렸다.

비위가 약해서
자주 체하는 미경은
유독 여름을 싫어했다.
더위를 이기지 못하고 진땀을 흘리는
미경이를 약 올리기라도 하는 듯
태양은 쉼 없이 뜨거운 입김을 불어댔다.

산등성이를 오르는 언덕 아래로
한낮의 태양 열기는 뜨거운 아지랑이를 만들고
학교 건물은 춤추듯
미경이의 눈동자 안에서 이글거렸다.

미경이가 언덕길을 숨차게 기어오를 때
같은 동네 친구인 영수가 소리쳤다.
"헥헥. 미경아, 천천히 좀 가자!"

더위를 한껏 먹은 듯한 약골 영수는
뜨거운 열기도 느끼지 못한 채
오히려 한기를 느끼는 창백한 얼굴로
쓰러질 듯 비틀거렸다.

"그러니까 빨리 걷자구! 더운데 천천히 걸으니까 더 기운이 없지!"

미경이는 영수를 향해 안타까운 소리를 뱉어냈다.

"으, 으응. 아…… 아, 알았어! 고마워어……."

영수의 손을 잡아끄는 미경이는
영수에게 누이 같은 존재였다.

언덕길을 올라
평평한 길에 다다르자
이윽고 영수도 젖 먹던 힘을 다해
빠른 걸음으로 미경의 뒤를 따라 걸어올랐다.

어느새 둘은 통장 아저씨 문방구 앞에 도착했다.
그때 흡사 팥쥐와 오누이쯤 되어 보이는 한 사내아이가
게걸스럽게 하드 아이스크림을 먹고 있는 모습이
미경의 시선에 들어왔다.

영수와 미경이는 한눈에 들어오는 그 풍경을
동시에 바라보았다.

"와! 아이스크림 정말 맛있겠다!"
미경이는 군침을 삼키며
자신이 아이스크림을 먹는 상상을 하다가
입술을 쓱 혀로 핥았다.

"아이스크림이다! 정말 맛있겠다!

쩝, 나도 먹고 싶다. 힝……"

미경의 시선은 자신도 모르게

사내아이의 손에 쥐여 있는 아이스크림에

온통 쏠려 있었다.

"뭐, 뭘 봐!"
미경의 시선을 눈치 챈 사내아이는
아이스크림을 뒤로 감추며 경계의 눈빛을 보냈다.

혹여 자기 아이스크림이 닳기라도 할까 봐
아이스크림에 시선을 두는 미경이를 향해
더운 열을 뿜어내었다.

"뭐, 뭘 보냐니까!"

미경이가 아이스크림을 빼앗아 먹기라도 할 듯 사내아이는 몸을 부르르 떨었다.

"거, 거지 같은 게
하드 맛 떨어지게
쳐다보고 있어!"

사내아이는 도톰한 입술을 있는 힘껏 삐죽이며
미경을 경계했다.

"야, 이 기지배야.
왜 자꾸 내 하드를 쳐다보는 거야, 엉?"
그제서야 미경은 그 사내아이가
자신을 보고 말하고 있다는 것을 알아차렸다.

"뭘 보냐구, 뭘 봐! 왜 내 하드 보고 있냐고!
맛 떨어지게 왜 보난 말이야! 엉?"
사내아이는 녹아 흘러내리는 하드를 손에 쥐고
눈에 핏대를 세우며 미경이를 향해 성큼 다가갔다.

"흡. 뭐, 뭐, 뭐라구!"
그제야 미경은 자신이 하드를 바라보는 것이
문제가 되고 있다는 사실을 깨닫고
정신이 번쩍 들었다.

산동네에서 사내아이들과 바깥놀이로
몸과 마음이 다져진 미경이 그대로 참을 리 없었다.

이윽고 미경은 두 손을 꼭 쥐고
사내아이를 향해 소리쳤다.

"야! 이 돼지 사촌처럼 생긴 녀석아!
내가 그 하드 봤다고 이 난리냐? 내가 좀 쳐다본다고
네 하드가 줄어드냐? 앙?"
미경은 아이스크림을 맘 놓고 사 먹지 못하는
자신의 처지에 분풀이라도 하듯이
있는 힘껏 사내아이를 향해 소리쳤다.

"으……. 미경이 또 화났다! 으……."
늘 미경이를 대장이라 부르며 따라다니는 영수는
미경의 뒤에서 사시나무 떨듯이 떨고 있었다.

"미, 미경아! 그냥 가자! 쟤 되게 힘 세게 생겼다!
어, 어, 얼른……."
영수는 떨리는 손끝에 힘을 주어
미경의 옷자락을 끌어당기며 속삭였다.

"멧돼지같이 생겨가지고……."

미경은 타오르는 분노를 삭이지 못하고 자신도 모르게 심한 말을 내뱉었다.

"뭐, 뭣! 멧돼지?"

사내아이는 금방이라도 미경이를 때릴 듯한 기세였다.

그 순간, 미경이는 왈칵 서러움이 밀려와 자신의 코끝이 빨개지는 걸 느꼈지만 그냥 물러설 수는 없었다.

"그 누런 이빨로 참 맛도 있겠다, 그래!
네가 한입 준대도 더러워서 안 먹는다! 에잇, 퉤퉤 퉤!"
그 순간, 미경의 침이 사내아이의 아이스크림에 튀었다.

순식간에 벌어진 일이었다.

"어, 어어엉?"
"너! 내 아이스크림에
네 침 튀었잖아!"
사내아이는 울상을 지은 채
흘러 녹아내리고 있는 아이스크림을 바라보았다.

'게임 끝! 메롱!'
이제 미경은 영수를 끌고 "걸음아, 날 살려라!"를 외치며
줄행랑을 칠 수밖에.

"영수 살려~~~!"
눈을 꼭 감은 영수는 미경의 손에 이끌린 채
골목 어귀를 빠져나왔다.

"야! 너희들 거기 안 서!"
골목을 빠져나가는 미경이와 영수를
금방이라도 따라잡을 듯 쩌렁쩌렁한
사내아이의 억울한 목청소리가
산동네를 한바탕 흔들어놓았다.

"흐흐흥, 분하다……. 만나기만 해 봐라! 저걸 그냥!"
아이스크림을 쥐고 있는 사내아이의 손은
두려움에 떨던 영수의 손보다도 더 심하게 떨리고 있었다.

"도, 동현아! 그 하드 안 먹을 거면 나 주라. 응?

나 주라아~~~!"

뚱뚱한 사내아이 옆엔 말라깽이 사내아이가

침을 흘리며, 기대에 가득 찬 얼굴로 하드를 보며 웃고 있었다.

"자! 너 다 먹어라, 다 먹어!"
"햐! 맛있다! 진짜 맛있다!"
말라깽이 사내아이는 아랑곳하지 않고
미경의 침이 섞인 채 흘러내리는
아이스크림을 쪽쪽 맛있게 핥아 먹었다.
그러면서 자꾸자꾸 말했다.
"진짜 맛있네! 진짜 맛있어!"

"으, 분하다! 언제 또 만나기만 해 봐라! 저 기지배를 그냥 확!"
동현이는 두 주먹을 불끈 쥐며 훗날을 기약했다.

"에잇!"

미경은 신발 속의 엄지발가락을 꼿꼿하게 세우며 길바닥에 버려진 빈 깡통을 있는 힘껏 발로 찼다.

"치, 난 정말 너무 불행해. 불쌍하다구!
아이스크림 하나도 마음대로 사 먹지 못하고……. 흐흑."
때 맞춰 불어온 시원한 산바람도
눈곱만큼의 위로가 되지 않는 순간이었다.

그깟 하드 하나 때문에……
미경은 방금 전 일이 너무 억울해
허공을 향해 소리치며 울었다.
"아앙! 앙!
으~ 아앙!"
미경이를 바라보는 영수의 마음도
덩달아 울적해졌다.

"난, 난 왜 이렇게
형제가 많은 거야!
언니, 오빠, 동생, 또 동생, 게다가
엄마 뱃속에 아기까지……. 흐흐흑!"

가던 길을 멈추고 미경이는
땅바닥에 무릎을 꿇고 주저앉았다.

"하나님! 우리 형제들 모두 사라지고
저만 남게 해주세요! 그래서 외동딸로 살면서
아이스크림을 많이 많이 먹게 해주세요."
항상 그렇듯 영수는 뒤에서 미경의 행동을
바라만 보고 있었다.

더위와 아이스크림 사건으로 기운을 다 뺀 탓에
무척 목이 말랐던 미경이는
집 마당에 도착하자마자 가방을 툇마루에 집어 던지고는
부엌으로 향했다.

유일하게
마음 놓고 더위를 식힐 수 있는
항아리 속에 담긴 약수.

아빠는 이른 새벽마다
삼청공원의 맑은 샘물을 길어다가
부엌 물항아리에 매일 채워 놓으셨다.
미경이는 바가지 가득 퍼 올린 약숫물을
단번에 꿀꺽꿀꺽 다 마셨다.

"꺼어어어어억!
역시 삼청동 약숫물이 최고야!"

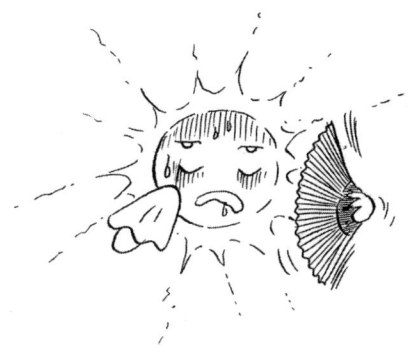

바가지를 엎어놓은 듯

방금 마신 물로 불뚝 튀어나온 배를 뿌듯하게 감싸 안으며

미경은 한낮의 더위를 잠시나마 식히고 있었다.

평소에 온 집안 식구들의 속옷까지도 다 삶을 만큼

부지런하고 깔끔하신 엄마는

더위도 아랑곳하지 않고 빨래를 하고 있었다.

작년까지는 수돗물을 담은 물탱크가

통장집 골목 앞까지 들어와야만 수돗물을 받아 쓸 수 있었다.

그런데 지난가을, 새마을운동이 일어나며

미경이 집 마당에도 다행히 수도가 들어왔다.

엄마는 수돗가에 앉아 조물조물 빨래하는 시간이 많아졌다.

절약이 몸에 밴 엄마는 수도가 들어왔는데도

초벌 빨래는 받아놓은 빗물을 사용했다.

여느 때처럼 큰딸 미화는 미영이를 등에 업고

빨래하는 엄마의 모습을 지켜보았다.

셋째 딸 미숙이도 엄마의 방망이질 솜씨를 구경하고 있었다.

뜨거운 태양의 열기는 오후가 되자
그림자만큼 식어가고 있었다.

"아이고,
아이고오, 배야!"

별컹!

차가운 배를 움켜쥔 채 창백한 얼굴로 방문을 연 미경이는 어느새 문지방에 기대 있었다.

"으으으…… 아까, 으으으윽, 약숫물을 너무 많이 마셨나 봐!"

부르르 쾅쾅!

미경이 뱃속에서는 때 아닌 전쟁이 일어나고 있었다.

"으아아악! 안 돼!"

미경이는 하얗게 질린 얼굴로 100미터 경주라도 하듯 좁은 앞마당을 가로질러 재래식 변소를 향해 뛰었다.

막내 명진이를 뱃속에 품고 수돗가에서 빨래를 하던 엄마는 방망이를 든 채 깜짝 놀라 미경을 바라보았다.

"이잉? 쟤가 낮잠 자다 말고 왜 저래?"

미영이를 업고 복숭아를 먹던 언니 미화와

그 옆에 서 있던 넷째 미숙이도

동시에 모두, 변소를 향해 달려가는 미경을 바라보았다.

변소 앞 담벼락 밑엔

키 작은 채송화들이 앞다투어 피어 있었고,

아카시아 나무의 커다란 그늘이

뜨거운 여름을 식히고 있었다.

미경이는 언제나 그렇듯 변소에 앉아

나뭇잎 배, 반달, 과꽃 등의 노래를 목청껏 불렀다.

어느 날은 열 곡이 넘는 노래를 다 부르고 나서도

부른 노래를 또 부르곤 하는, 꾀꼬리 아닌 꾀꼬리였다.

"너는 왜 그렇게 똥 냄새 나는 변소에서 노래를 부르니?
정말 못 말리는 애라니까."

언니 미화는 미경이 변소에서 노래를 부르고 나올 때면

항상 같은 소리를 하곤 했다.

미경은 비록 똥 냄새가 나는 변소지만

그곳에서는 노래를 부르는 자신의 목소리가 오롯이 들려와 좋았다.

그러기에 자기도 모르게 변소에만 가면 노래를 부르게 되었다.

"휴! 이제야 좀 살 것 같네!"

볼일을 마치고 노래까지 다 끝낸 미경이는 안도의 숨을 내쉬며 변소 입구 벽면에 가지런히 오려져 걸려 있는 신문지를 바라보았다.

찌-이-익-

철사 줄에 매달려 있는
신문지 두 장이 뜯어지려던 순간
미경은 잠시 머뭇거렸다.

"참! 또 잊을 뻔했네.
할머니가 꼭 한 장씩만 뜯어 쓰라고 하셨는데!"

때로는 나뭇잎으로, 때로는 풍선껌 종이로 닦으라고
손 내밀던 할머니를 생각하며 미경은 킥킥 웃었다.

"정말 우리 할머니는 재밌어!"
그럴 때마다 할머니는 이렇게 말씀하셨다.
"뭔 소리여! 옛날 전쟁통엔
다 그렇게 살았어!"

외할머니는 멀리 서울로 이사 간 딸네 집에 때때로 오셨다.
육남매를 기르고 있는 둘째 딸인 엄마가 안쓰러웠기 때문이다.
할머니는 힘든 이불 빨래며 장 담그는 일과 같은
집안일을 해주고 시골로 내려가시곤 했다.

외할머니는 자신의 둥근 얼굴을 닮은
셋째 손녀 미경이를 유난히도 예뻐하셨다.
가끔씩 변소에 종이가 떨어져 미경이가 소리칠 때는
제일 먼저 할머니가 변소 앞에 나타나 기다리고 계셨다.
외할머니는 변소 문 밖에 서 있다가
옥색 고운 한복 치마를 걷어 올리고
속바지에 붙은 작은 주머니를 뒤적이셨다.
"변소간에 종이 있지? 없으면 말혀. 할머니한테는 항상 있응께."
그 작은 속바지 주머니 안의 하얀 가제수건에는
손자손녀들에게 줄 간식들이 들어 있었다.
간혹 그 주머니에서 알사탕이나 껌이 나오면
"엄마 말 최고로 잘 듣는 사람에게 줄겨!" 하며 화들짝 감추곤 하셨다.

그러고는 다시금 가제수건을 펼쳐
보물처럼 감추어 놓은 껌 종이 몇장을 미경이 앞에
내밀곤 하셨다.

"헉!"
"뭔 소리여. 그것이면 열 번도 더 닦어!"
지독하리만큼 검소한 할머니의 음성이
미경의 귀에 들려오는 듯했다.

"아무튼 우리 할머니는 정말
못 말린다니까.
할머니, 저 착하죠? 저 오늘 할머니 말씀대로 아껴서
딱 한 장만 쓰고 있어요. 킥킥!"

멀리 시골에 계신 할머니가

긴 팔을 늘어뜨려 자신의 머리를 쓰다듬어 주시는

행복한 상상에 잠기며

이윽고 똥 닦은 종이를 변소간 안으로 던지려는 순간이었다.

"에잇."

"엇!"

"저, 저, 저게 뭐야?"
미경은 순간 자신의 눈을 의심했다.

"아니, 변소에 웬 동전이 떨어져 있지?
누, 누가 빠뜨렸지?
옆방에 사는 순옥이 언니가 또 빠뜨렸나?
아니면 어제 군대에서 휴가나와 엄마를 보러 오셨던
막내 외삼촌인가?"

"하나, 둘, 셋, 넷……. 히야아아!"

미경의 동공은 심하게 흔들렸다.

순간 변소 천장을 뚫고 하늘로 튀어 날아갈 것만 같았다.

"저, 저, 저 돈이면?"

변소 문을 살짝 열고 나와 혹여 누가 자신을 볼세라
변소 앞을 두리번거리던 미경은 마치 변소 문을
보물 상자 뚜껑처럼 여기며 떨리는 손으로 쓰다듬었다.

"아, 아무도 없지?
아무도 날 안 봤지?
얏호!"

언니 미화와 동생 미숙이가 엄마의 빨랫방망이질 솜씨에 넋을 잃고 있을 때, 미경은 재빠르게 부엌으로 달려갔다.

이때닷!

부엌에 들어가는가 싶더니

어느새 달려 나오는 미경의 손에는

때 아닌 연탄집게와 국자가 들려 있었다.

"야호! 이 기쁨을 누구에게!"

"탕!"

부엌문 닫히는 소리와 함께 후다닥 달려가는 미경의 뛰어가는 모습은 마치 고양이를 피해 빠르게 도망치는 쥐새끼 같았다.

"쾅!"

"엥?"

급하게 변소 문이 닫히는 소리에 엄마는 빨래를 하다 말고 미경을 바라보았다.

"잉? 언니야가?"

동생 미숙이도 변소를 들락거리는 미경을 걱정스러운 눈빛으로 바라보았다.

"흐흐흐.
더러운 건 한순간이야!"

"고지가 바로 여긴데
이깟 똥 냄새쯤이야."

"조금만,
조금만 더……."
미경은 이마에서 코끝으로 흘러내리는 땀방울을 의식하지 못한 채
오로지 연탄집게와 국자를 잡은 손에만
온 신경을 기울였다.

"에, 에잇.

쪼끔만, 쪼끔만 더……."

"으악!
안 돼애~!"

결국 사건이 벌어지고 만 것이다.

"으아아악! 사람! 사람 살려! 사람 살려요~~~"

"엥? 이게 지금 무슨 소리야?"
빨래 방망이질을 하던 엄마는 순간, 그 목소리가
미경이의 목소리라는 걸 단번에 알아차렸다.

"아니, 혹시 애가 변소에?"

"엄마! 변소에서 나는 소리 같아요. 미경이 목소리예요."
막내 미영이를 업은 채 복숭아를 먹고 있던
미화가 말했다.

엄마는 들고 있던 빨래 방망이를
떨어뜨렸다.

"도대체 무슨 일이야?"

엄마는 번개처럼 변소로 달려갔다.

벌컹.

변소 문이 열리자

겨우 팔 하나만을 걸친 채
똥통 속에 푹 빠져 있는 미경이의 모습에
엄마와 미화, 미숙, 미영이는 차마 할 말을 잃었다.

"으악! 더러워!"
미화는 코를 쥐어틀었다.
하지만 정말 다행인 것은
어린 자식들이 혹여 변소에 빠질까 염려한
아버지가 변소 깊이를 얕게 만든 것이다.
덕분에 큰 일을 면할 수 있었던 아찔한 순간이었다.

쏴아아

쏴아아
쏴아아

"우웩. 우웨웨액."

온 동네 분뇨를 수거해 가는 트럭이

뚜껑이 열린 채 전복이라도 된 듯,

작은 산동네엔 아카시아 향보다 진한 똥 냄새가

마을 전체를 뒤덮고 있었다.

호스로 뿜어져 나오는 물소리와 동시에

놀라서 우는 미경이의 울음소리,

또 조리 도구인 국자를 변소에 들고 간

미경을 나무라며 꾸짖는 엄마의 목소리가 동네에 울려 퍼졌다.

"으아앙!"

"아이고, 속상해라. 아휴, 똥 냄새! 내가 못살아.
그나마 한 팔이 걸쳐져 있어서 다행이었지! 생각만 해도 정말."
육남매로 인해 하루도 조용할 날이 없는 엄마의 일상이
또 하나의 사건으로 채색되고 있었다.

한여름 더운 열기에 더해진 똥 냄새는
순식간에 집 앞마당 전체, 아니, 와룡동 산마을 전체를
변소로 만들기에 부족함이 없었다.
물 한 방울도 아껴 쓰던 엄마는 그 순간만큼은 견딜 수 없는 듯
수도꼭지를 최대로 틀었다.

엄마는 한 손은 호스를 쥔 채,
다른 한 손으로는 미경의 몸에 붙은 똥을 씻기고,
그러다가 어깨를 비틀어 자신의 코를 막기도 하며
미경을 씻기고 또 씻겼다.
유난히도 시끄럽고 요란한 오후였다.

"야, 미경아! 몸에서 똥 냄새 나서
복숭아 못 먹겠지?"
똥물이 미경의 몸에서
다 씻겨 나가자
언니 미화는 코를 쥐어틀며 말했다.

순간 미경은 먹보 언니 미화가
자기의 복숭아를 먹어치울 심산이란 것을 알아차렸다.
"뭐?"

"히히히. 네가 분명히 못 먹을 줄 알고
이 언니께서 방금 너 대신 잘 먹어 주었지! 히히히."

"뭐? 내 복숭아를?"

미경은 똥물이 다 가시지도 않은 맨몸으로
언니 미화를 잡으러 마당을 몇 바퀴째 돌았다.
자신의 것을 대신 먹으라며
미경이의 뒤를 쫓아 가는 동생 미숙은
더욱 커다란 원을 만들고 있었다.

"이것들아! 이 와중에 복숭아가 넘어가냐. 응?
아이구…… 이 난리 속에서도 복숭아가 맛이 있니?
에고, 미화야, 너는 언제나 철이 들래? 엉?"

엄마의 푸념이 줄어들 무렵, 미경의 몸은
'언제 똥통에 빠졌냐'는 듯
복숭아 속살처럼 뽀얗게 변했다.
미경은 뽀송뽀송해진 몸을 한번 만져보곤
자신의 몸에서 솔솔 풍기는 향긋한 비누 냄새를
킁킁거리며 맡더니, 무엇이 그리 좋은지 콧노래를 부르며
변소에 빠졌던 일을 바로 잊어버렸다.

유난히도 휘영청 밝은 보름달이
한여름 밤의 산동네를 대낮처럼 밝게
비추고 있었다.

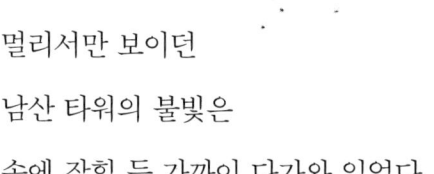

멀리서만 보이던
남산 타워의 불빛은
손에 잡힐 듯 가까이 다가와 있었다.

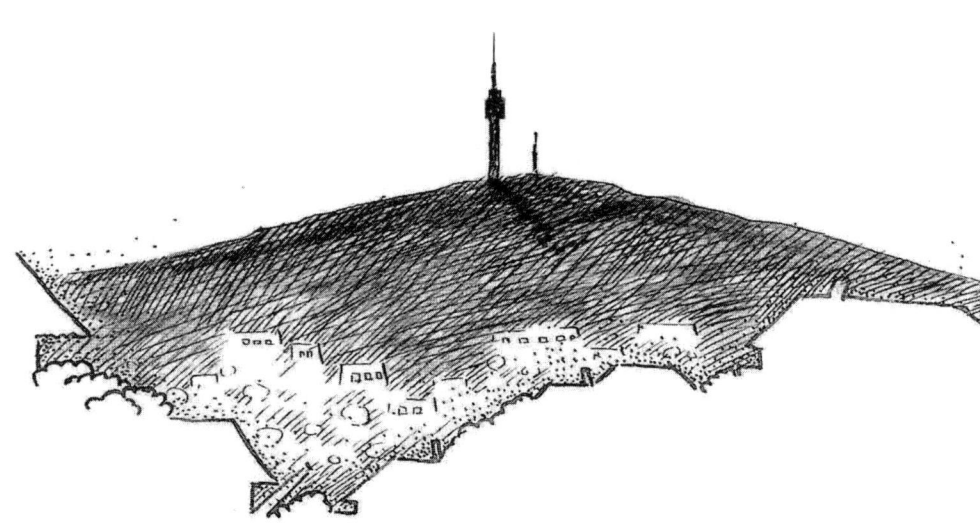

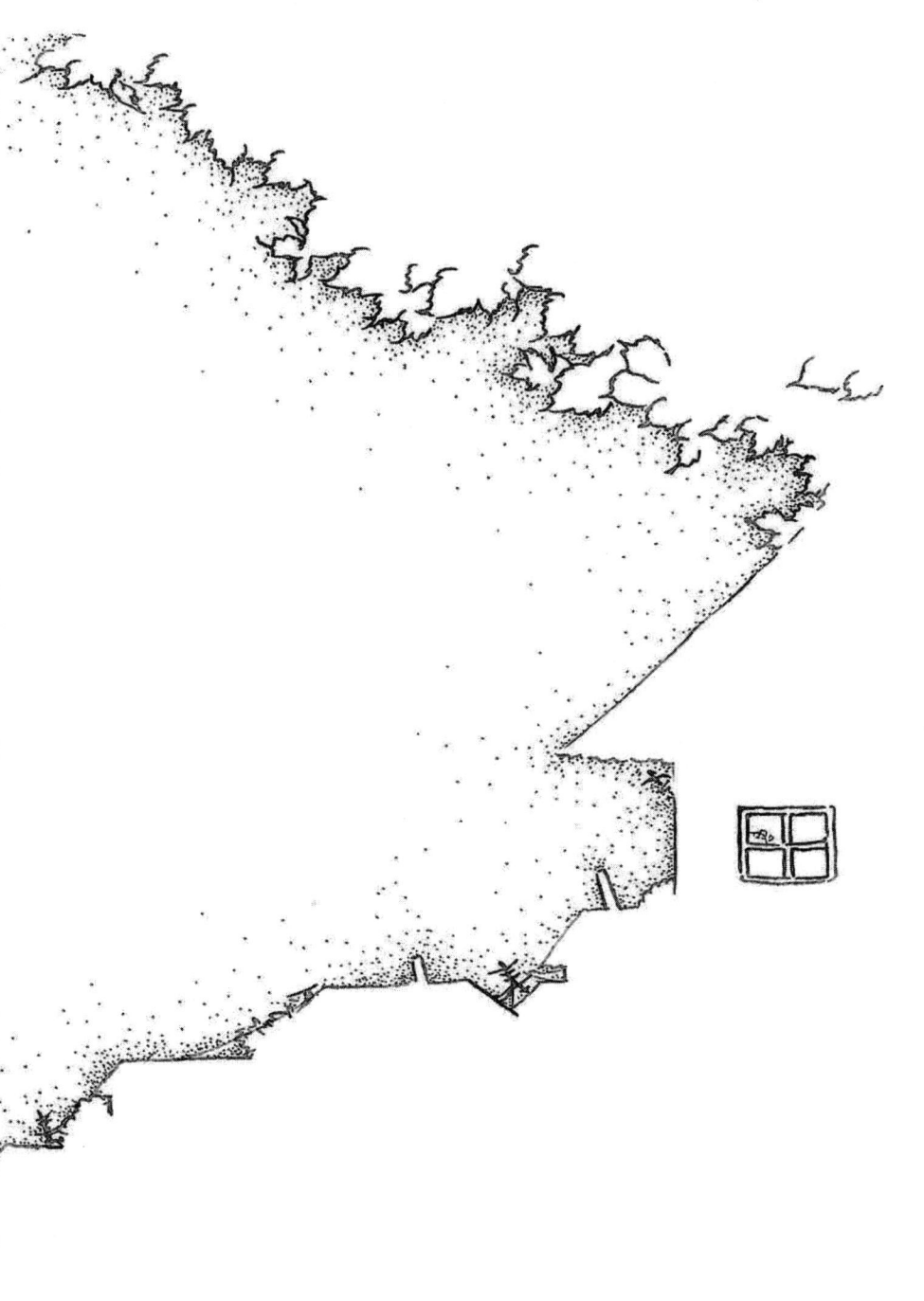

"이히히히히! 우헤헤헤헤!
달걀귀신 나온다아!
몽달귀신 나온다아!"

낡은 창호지 문에 손가락으로 구멍을 낸 언니 미화는
툇마루에 쫓아낸 미경을 향해 변조된 목소리로
속삭이며 말했다.

"야, 미화야! 놀리지 마! 미경이 무섭다!
가뜩이나 너 때문에 쫓겨나서 잘 판인데."
오빠 명호는 미화의 옷자락을 잡아당기며
동생을 놀리는 미화를 나무랐다.

자신의 보라색 베개를 안고 마루에 앉아 있던 미경은
창호지 구멍 사이로 보이는 미화의 눈을 째려보았다.
"힛! 나빠!"

"히히. 넌 하루로는 안 될 거야!
넌 네 몸에서 똥 냄새가 안 난다고 우기지만
나한테는 안 통한다구!
네 몸에서 풍기는 똥 냄새가 다 사라지려면
적어도 내일까지는 거기서 자야 될 걸?"

"낄낄낄. 거 참 잘됐다!

네 자리만큼 오늘은 넓게 잘 수 있겠다.

야호! 내 세상이다!"

"몽달귀신 나와라.
달걀귀신 나온다."
미화의 목소리는 끊임없이 반복되어
창호지 문에 밤늦도록 메아리치고 있었다.

"히히히!
아무리 놀려도 난 안 무섭지롱? 히힛!"

"별들아! 너희들만 알어?

나, 아까 변소에서 주운 이 돈으로
내일 하드 많이 많이 사 먹을 거다!"

휘영청 밝은 보름달은
밤하늘을 바라보는 미경의 얼굴만큼이나 환했다.

밤이 늦도록 동생 미경을 놀리던 언니 미화의 머리 맡에도,
오후 내내 소란했던 와룡동 산마을에도
보름달은 환하게 빛을 비추고 있었다.

내일이면 아이스크림을 실컷 사 먹을 수 있다는 생각에
잠 못 이루며 이리 뒤척, 저리 뒤척이는 미경이의 머리칼에서는
유난히 짙은 비누 향내가 포올폴 날리고 있었다.

세상 모든 이들의 꿈을 비밀처럼 가슴에 품고
뜨겁게 빛나는 푸른 별들아.

지금도 너에게만은 비밀로 남기고픈 이 이야기를
오랜 세월이 흘러서야 고백하는 건 왜일까?

누군가 먹다 흘린 과자 부스러기조차
흙먼지 속 보석처럼
두 눈 안에서 반짝이며 소중했던 때가 있었다는 걸
모든 것이 풍요로운 이 시대에
조심스럽게 이야기하고 싶었던 것인지도 몰라.

아기별 고운 내 소꿉 친구들아!
가슴 깊은 곳에 묻어둔 어린 날의 우리들.
잊혀진 그리움 속에 살고 있는
유년의 우리들을 다시 만나 보지 않을래?

그 옛날 땡글이를 만나 보지 않을래?

③ 큰언니

"새벽종이 울렸네, 새 아침이 밝았네
너도나도 일어나 새마을을 가꾸세!"

새마을운동이 한창이던 그때,
동네마다 너른 공터에는 어김없이
'새마을운동'이라는 푯말이 세워져 있었다.

머지않아 와룡동 산동네에도
'우리도 한번 잘 살아 보자'는 구호 아래 새로운 마을을 선보일 듯
폭풍 전야 같은 고요 속에 설렘의 연속이었다.

그날도 윤 씨 할아버지네 뒷마당에는
새마을 사업을 하기 위한 공사 자재가
허름한 담벼락 한 모퉁이를 가득 차지하고 있었다.

"야호!
드디어 나한테 돌아왔다!"

깍쟁이 5학년 언니인 승자는
와룡동 하늘을 새처럼 날았다.

방금 머리채라도 휘어잡고 한바탕 싸움이라도 벌인 양
온통 헝클어진 머리칼의 넷째 미숙이는
쓰러질 듯 창백한 얼굴로
석고처럼 굳은 채 땅바닥을 바라보았다.

셋째 미경이의 얼굴에도
절망의 그림자가
밤하늘처럼 짙게
드리워졌다.

예쁜 미숙이의 얼굴은 가느다란 긴 머리가
바람에 나풀거려 이목구비의 윤곽조차
찾아보기 힘든 모습이었다.

미숙이의 모습을 애타게 바라보는 미경이의 마음은
까맣게 타들어갔다.

양 갈래로 곱게 머리를 묶은 뽀얀 얼굴의 승자만이
해맑게 웃고 있었다.

"다…… 모두 잃었다아! 언니야……."
커다란 눈망울의 미숙이는 금방이라도 울음을 터뜨릴 듯
꼭 다문 입술이 가늘게 떨렸다.

바가지 머리에 둥근 얼굴의 미경이는
다급한 얼굴로 승자에게 사정하기 시작했다.
"승자 언니! 부탁이야.
한 개만! 딱 한 개만 주라아. 엉?
언니야아."

미경이의 말을 아랑곳하지 않은 승자는
힘 있게 일어섰다.

"게임은 게임이야!
졌으면 그만이지,
그깟 실핀 한 개를 어디다 쓴다고 달라고 난리야?"
5학년 승자 언니는 횡하니 황토 바람을 휘날리며 뒤돌아섰다.

"어…… 어, 언니, 미, 미숙이 머리에다가
핀 하나만 꽂아 주게."
미경이는 처절하게 승자의 옷자락에 매달려 애원했다.
"딱 한 개만……."
승자는 노란 고무줄에 자랑하듯 실핀들을 주렁주렁 매단 채
인상을 찌푸리며 더욱 빠른 걸음을 재촉했다.
승자 치마에 달린 주머니 안에,
솔잎처럼 삐쭉 튀어나온 실핀들의 형체가
미경의 가슴속을 찌르는 것 같았다. 미화 언니가 집에 모아 둔
핀을 모두 들고 나와 승자에게 다 잃어버린 미경은
차라리 이 순간이 꿈이길 바랐다.
하지만 이미 되돌릴 수도 없는 일이었다.

"저 핀이 어떤 핀들인데. 크흐흐흑!
승자 언니야, 우리 언니야가 알면…….
언니, 제발…… 한 개만이라도…….
미숙이 머리에 꽂아 주게 한 개만, 딱 한 개만 줘."

뒤돌아 집을 향하는 승자의 치맛자락에 사활을 걸며
끝없이 조르는 미경이의 뒷모습은
마치 승자에게 끌려가는 듯 보였다.

그도 그럴 것이 승자는 키 큰 5학년이고, 미경은 2학년이었다.
더군다나 미경이는 때때로 밀가루 죽도 제대로 소화하지 못해
늘 엄마에게 걱정을 끼쳤다.
그래서인지 제 또래보다 훨씬 작아 보였다.

승자는 미경이의 언니 미화와
같은 반 동갑내기 친구였다.

"못 가! 언니!
언니야아, 제발~~~!"

"어차피 게임은 끝났으니
미숙이 머리에 꽂을 핀 하나만……."

"딱 한 개만이라도 주라아.
우리 언니가 이 사실을 알게 되면……."

"흑흑!"

"언니야아, 딱! 딱 한 개만……."

그때였다.

"너희들!
너희들 지금 뭐 하는 거야!"

큰언니 239

막내 미영이를 업은 채로
엄마 심부름으로 시장에서 대파를 사가지고 오던 미화가
승자의 치맛자락을 밧줄처럼 잡고 끌려가던
미경이의 모습을 보며 놀라 소리쳤다.
호랑이 같은 언니 미화의 목소리에는 한기마저 느껴졌다.

"뜨아아악!"
미경이와 미숙이는 딱 벌어진 입을 다물지 못했다.

호랑이띠에 걸맞은 엄청난 성깔을 가진 미화가
순간 호령하듯 이들을 불러 세운 것이다.

작은 엉덩이가 오리궁뎅이 되도록 막내 미영이를 업고 다니며
둘째가라면 서러울 만큼 동생들을 챙기던 미화는
미숙이의 풀어 헤쳐 헝클어진 머리칼을 보자마자
모든 상황을 알아차렸다.

"미숙이 너, 머리카락이 왜 이래!
언니가 아침에 꽂아준 실핀들은 다 어디 간 거야! 엉?"

동생들의 매무새까지 엄마처럼 챙겨주던
미화는 그날 아침에도 참빗에 물을 묻혀
동생 미숙이의 머리를 정갈하게 묶어 주었다.

"너희들, 지금 승자 언니랑 뭐 한 거야!"
승자는 미화의 목소리에 화들짝 놀라
손목에 팔찌처럼 낀 실핀 꾸러미를 몸 뒤로 감추느라
정신이 없었다.

"응? 승자 언니랑 뭐 했냐니까?"
노려보는 미화 언니의 호랑이 눈은
이글거리며 금방이라도 튀어나올 것 같았다.

목소리가 큰 미화 언니가 화를 내면 더 사납기에
미숙이와 미경이의 표정은 차돌처럼 단단히 굳었다.

동생들이 승자와 무엇을 했는지 몰라서가 아니라
승자 언니와의 놀이는 누가 봐도 질 수밖에 없는
불리한 상황이었다는 것을 확인시켜 주려는 물음이었다.

게다가 핀 따먹기 같은 게임은 핀이 많은 승자에게는
더더욱 이기기 힘든 게임이었다.

승자는 애써 여유 있는 표정으로 푸른 하늘을 올려다보며
팔짱을 낀 채 콧노래를 불렀다.
보란 듯 흥얼대며 발가락으로 장단을 맞추기도 했다.
"흥!"

승자의 콧방귀가 하늘을 찌르던 순간
미화가 입을 열었다.

"승자, 너! 치사하게 내 동생들하고 핀 따먹기 내기 했니?"

실은 얼마 전 자신의 실핀을 미화에게 다 잃고
기회를 노리던 승자가
마침 장바구니를 들고 심부름을 가는 미화를 보고
이내 동생들을 찾아가 실핀을 되찾는 복수전을 펼쳤던 것이다.

승자는 마음만 먹으면 실핀뿐 아니라
꽃핀도 얼마든지 살 수 있는 부잣집 딸이었다.

그 당시 여자애들 사이에서는 머리에 꽂는 핀 따먹기 놀이가
유행처럼 돌고 있었지만, 미화의 자매들에게는 사치였다.
그저 구경하는 것만 즐길 뿐이었다.
미화는 친구들에게서 딴 실핀을 한 개, 두 개 모아서
보물처럼 성냥갑 속에 숨겨 놓곤 했다.
붉은 쇳가루가 후드득 떨어지는 낡은 머리핀도 버리지 않고
아빠가 일할 때 쓰는 사포를 조금 얻어
녹을 제거한 뒤 곱게 다듬어 놓곤 했다.

그런데 오늘
미경이가 그 성냥갑을 통째로 들고 나와 미화가 쌓아놓은
오랜 시간의 공을 여지없이 무너뜨린 것이다.

미화로서는 참으로 참기 힘든 상황이었다.

가난한 살림에 넷이나 되는 자매들의 머리칼에
사치를 부릴 만한 여유가 없었기에 더욱 그랬다.

"이 경기는 공정하지 못했어!"
미화는 승자를 향해 냉정한 어투로 말했다.

"졌으면 그만이지, 떼거리로 몰려들어 말들이 많아, 진짜!"
승자는 붉어진 얼굴로 하늘을 보며 순간 숨을 들이마셨다.

끈끈한 가족애로 뭉친 자매들이 한꺼번에 달려들면
승자는 꼼짝 없이 당할 게 뻔했다.

4대 1이라는 불리한 계산 속에서
더 이상 상대하고 싶지 않은 승자는
도망치듯 뒤돌아서며 말했다.
"거지 떼같이……!
겨우 핀 한 통 가지고 따지고 있어!"
자신을 바라보며 부르르 떠는
검정콩알 같은 눈들을 향해 승자는
순간, 해서는 안 될 심한 말을 한 것이다.

"너! 너! 지금 뭐라고 했어!
당장 거기 못 서!"
승자가 내뱉은 '거지'라는 말에
미화는 이윽고
뒤돌아 가는 승자의 머리채를
잡고 말았다.

"아! 아! 아~~악!"
화가 머리끝까지 난 미화가
뒤돌아서던 승자의 묶은 머리칼을 낚아챘다.
사실 미화는 화가 나면 물불을 가리지 않는
다혈질의 소유자였다.

"아악!"
부잣집 외동딸로
자기 위에 세상이 없던 승자는
그 자리에 멈춰 섰다.

"아얏! 아파! 어! 내 머리 다 헝클어졌어!"
방울 고무줄 사이로 쑥 빠져 나와 말꼬리처럼 축 처진
머리를 매만지며 화가 난 승자도 미화를 향해 소리쳤다.

"이 나쁜 지지배가! 감히 내 머리를 잡았어?!"

"승자 너, 나랑 내기해!"
미화는 자기 앞머리에 꽂혀 있던 녹슨 실핀 두 개를
머리칼에서 떼어내며 말했다.

억센 힘과 오기로는 도저히 당할 수 없는
사납쟁이 미화를 알기에 승자는 울며 겨자 먹기로
보따리처럼 묶여 있던 실핀들을 풀며 말했다.

"좋아! 이 못난이 기지배들아!
그것마저 잃고 엉엉 울지나 마라!"
그깟것 잃어도 그만이라는 말투의 승자는
서둘러 실핀을 꺼내었다.

미화의 등에 업혀 있는 막내 미영이는
손가락을 더욱 힘 있게 빨며 그 광경을 내려다보고 있었다.

온 몸의 촉각을 손끝에 모은 미화는
오로지 잃은 핀을 되찾으려는 생각으로 가득 차 있었다.

"꼭 되찾을 거야."

미화의 녹슨 머리핀은

평평한 마른 땅 위에서 덤블링하듯 뒹굴더니

날쌔게 승자의 실핀을 향해 달려들었다.

미화의 야무진 손끝이 진가를 발휘하는 순간인가?

큰딸 미화…….

엄마가 밤새 뜨개질하던 털실 꾸러미를
집안일로 잠시 내려놓으면
실뭉치가 바구니에 그대로 담겨 있는 것을
보아 넘기지 못하고, 엄마가 뜨다 만
목도리나 장갑을 척척 완성해내는
손끝 여문 맏딸이었다.

언니가 핀을 되찾아 미숙이의 예쁜 얼굴이
형체를 드러낼 순간이 오고 있는 걸까?

두근두근 핀 따먹기 내기가 시작되자
미영의 심장 소리는 더욱 빨라졌다.
"얏호!"

드디어 언니의 작전이 성공하는 순간이었다.

언니의 녹슨 머리핀 하나가
한 덩어리로 뭉쳐 있던
승자 언니 머리핀 위에
달랑 올라앉았다.
"역시! 우리 언니야, 최고!"
미숙이와 미경이는 손뼉을 치며
춤추고 뛰며 좋아했다.
영문도 모르는 세 살배기 미영이도
덩달아 팔을 흔들며 웃었다.
미화는 단번에 승자의 많은 실핀을
손에 넣었다.

첫 번째 게임에서 절반 정도의 실핀을 잃어버린 승자는
시간이 지날수록 어두운 그림자가 역력했다.
네 자매의 뜨거운 기운에
기가 눌린 듯한
모습이었다.

미경이는 하나둘,
자신의 품에 다시 들어오는 검정색 실핀들을 바라보며
행복한 오페라를 즐기고 있었다.

형제 없는 자의 외로움과 서러움을 누가 알리요.
점점 자신의 품에서 사라지는 핀을 생각하며
식은땀이 비 오듯 흘러내릴 때,
조마조마하던 승자는 차라리 그 자리에서 울고 싶었다.
독한 기지배 미화에게 실핀을 다 잃고 만 것이다.

"안 돼에!"

승자는

패배자의 분노로

부르르 떨며

두 주먹만 불끈 쥔 채

호랑이 같은 미화를 노려보았다.

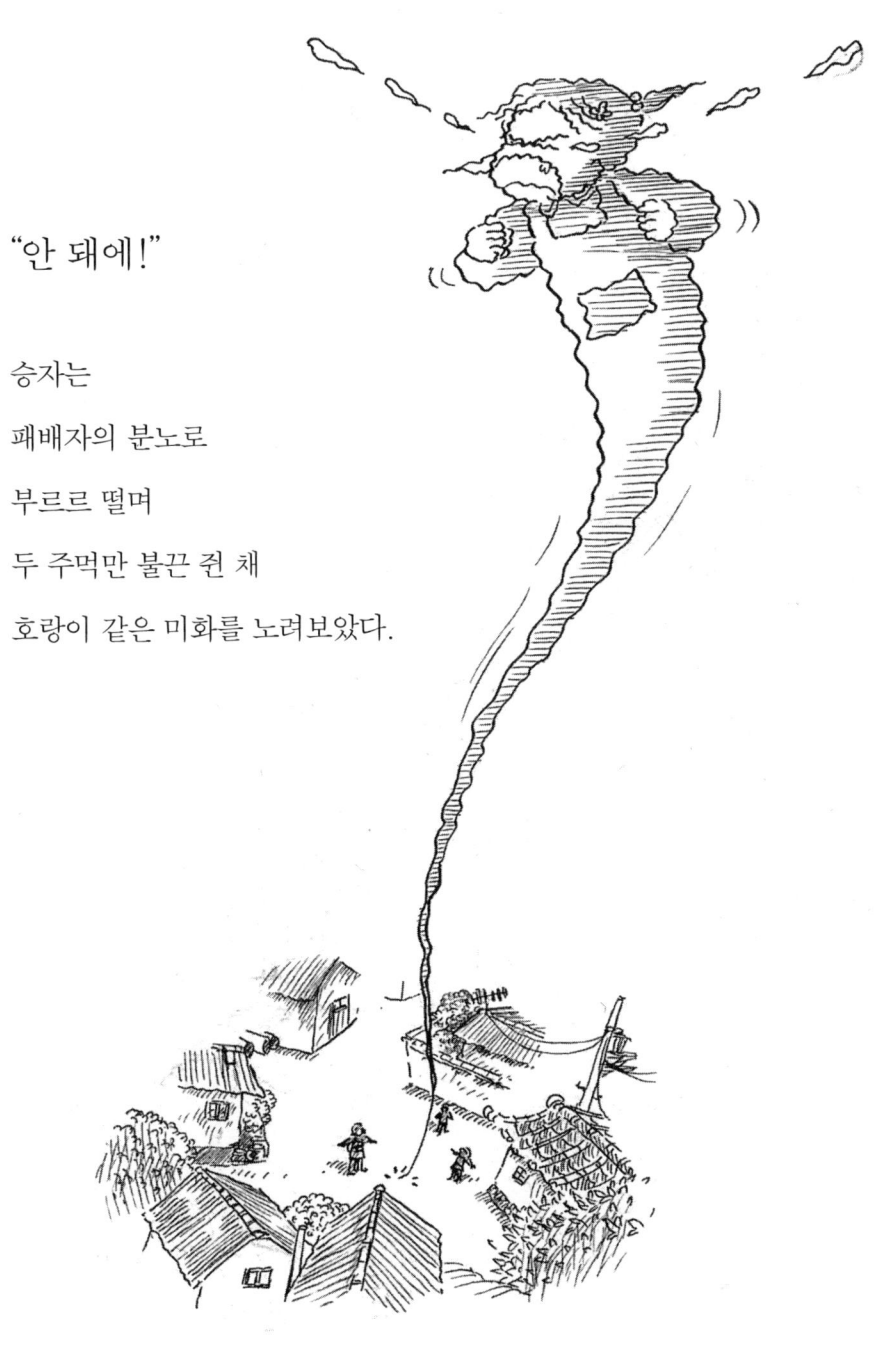

"너희들, 또다시 승자 언니랑 핀 따먹기 내기 하면
이 언니가 가만두지 않을 거야!"
미화는 미숙이의 머리칼을 가다듬고
핀을 꽂아주며 말했다.

미화의 머리에 꽂은 실핀 두 개로
승자의 꽃핀까지 얻게 된
대역전의 순간이었다.

"역시 울 언니야! 울 언니야가 최고야!"
미경이와 미숙이는 막내 미영이를 업고
급한 발걸음으로 앞서 가는 큰언니 미화의 긴 그림자 그늘에서
감격하며 무한한 행복을 느꼈다.

미숙이의 머리칼에는 어느새 아침보다 더 많은 실핀이
훈장처럼 꽂혀 있었다.

고개를 푹 숙인

해바라기의 무거운 얼굴이

여문 씨들을 토해낼 듯

바람에 멀미하며 이리저리 흔들리고 있었다.

마당 담벼락에 서 있는 노란 해바라기 앞에서

미숙이와 미경이는 한낮의 실핀 사건을 까마득히 잊은 채

서로 껑충거리며 키 재기 노래를 불렀다.

미경이와 미숙이는

해바라기 아래 심어진

주홍빛, 분홍빛 채송화를

혹여 밟기라도 할까

좁은 뒷마당을

조심스럽게

뛰고 있었다.

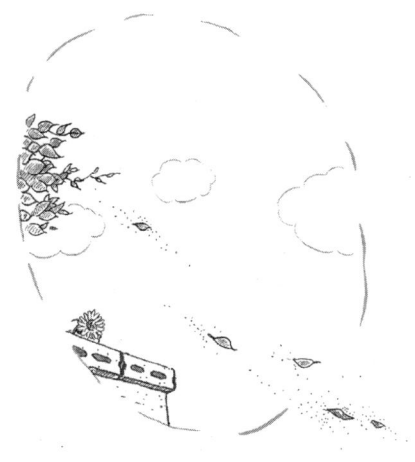

"해바라기는 키도 크다, 키도 크다.
아기가 살짝 키 대보고
내가 살짝 키 대보고
해바라기는요, 아빠 키보다 크다."

어디선가 들은 노래를 어설프게 외운 듯 부를 때마다
가사와 곡조가 바뀌는 이 노래를
미경은 해바라기만 보이면 질리도록 불러대곤 했다.

어느 날 아빠 키보다도 훌쩍 커버린 키다리 꽃
해바라기를 바라보다 이내 목이 마른 미경이와 미숙이는
병아리처럼 하늘 목을 축이려
동시에 항아리에 담긴 물을 향해 달려갔다.

덜그덕! 덜그덕!
어느새 바닥이 났음을 알리듯
플라스틱 바가지가 요란한 소리를 내며 항아리를 울리고 있었다.

"어, 언니야, 조심해."

항아리에 몸을 반쯤 걸친 채 바가지질을 하는 미경이의 옷자락을 붙잡으며 미숙이가 말했다.

"언니, 물이 바닥에 쪼금밖에 없어."
"에잇! 에잇!"

미경이는 어떻게든 물을 담아보려고
플라스틱 바가지를 이리저리 흔들며
물을 퍼내려 애쓰고 있었다.

"아, 목말라."

미경이의 메마른 목소리가
항아리 속에서 덧없이 메아리칠 때,
계집애 같은 얼굴의 더벅머리 앞집 영수가
헉헉거리며 달려왔다.

"아줌마! 아줌마!"

툇마루에 앉아 막내딸 미영이를 옆에 앉힌 엄마는
형광빛마저 감도는 하얀 속옷들을 개고 있었다.

"아줌마! 동사무소 앞에 물차가 왔대요!"

달려온 영수가 자랑하듯 말했다.
엄마는 개던 빨래를 내려놓고
까까머리 영수의 손을 다정하게 잡으며 말했다.
"그래? 착하기도 하구나! 알려줘서 고맙다.
물차가 오는 날은 내일인데, 이제 자주 오는구나!
고맙구나, 영수야!"

"받아놓은 빗물도 거의 다 쓰고
이제 밥할 물만 겨우 남아서 걱정하고 있었거든."
영수는 뿌듯하게 엄마를 바라보았고,
엄마는 친구인 양 이야기했다.

가난하고 어려운 살림에도 단 한 번도 웃음을 잃지 않던,
찔레꽃처럼 소박하며 사랑 가득한 육남매의 어머니.

엄마는 개던 빨래를 한쪽에 모아 놓곤
서둘러 부엌으로 향했다.

"이상하다!
분명히 여기에 있었는데?"
부엌과 광문을 오가며 두리번거리던 엄마는
다시 앞마당으로 달려나와 항아리 앞에서 놀고 있는
미숙이와 미경이를 향해 말했다.

"미경아, 물지게 못 봤니?
물초롱이며 물지게며 아무리 찾아봐도 없구나!"
엄마의 안타까운 두 손엔 이미 빈 양동이가 들려 있었다.

함석으로 만든 물초롱은 장난감이 드문
산동네 아이들에게 때로는 장난감을 대신했고,
때로는 북이 되고 꽹과리가 되었다.
언젠가 미경이가 연탄집게와 국자로 장단을 맞추다가
구멍을 낸 이후에는 금기 물건이 되었기에
이제 물초롱은 미경이에게 그저
아무 관심 없는 물건일 뿐이었다.

큰언니 275

"저는 못 봤어요, 엄마!"

미경의 말이 끝나기도 전에

엄마는 어느새 양동이를 들고 비탈길을 내려가고 있었다.

"아이고.

벌써 줄이 기네."

20미터나 되는 물동이 줄이
사람들보다 먼저 와 있는 듯 보였다.

긴 물초롱 줄을 바라보던 엄마는
물차에 담긴 물이 언제 끊길지 모르는 상황인지라
마음이 더욱 타들어갔다.

뒷줄에 선 사람들은 앞에서 물이 끊기면
들고 나온 빈 통을 도로 들고 가는 상황이
종종 일어났기 때문이었다.

그래도 혹시나 물차가 또 오겠지 믿으며 엄마가
들고 나온 양동이를 땅바닥에 내려놓으려는 순간이었다.

"엄마!
여기예요! 여기!
여기요, 엄마!"

멀리서 큰딸 미화가 두 팔을 흔들며 엄마를 부르고 있었다.

가난한 살림에
부끄러울 정도로 억척스럽게 변해버린
큰딸 미화를 바라보며
엄마는 안타까움에
자신도 모르게 빨개진 얼굴과 코끝이
시큰해 오는 걸 느꼈다.

언제 왔는지, 맨 앞에 빈 물지게를 메고 서 있던 미화를 바라보며 엄마는 말했다.

"어떻게 알고 이렇게 일찍 나와 있었니?"

"아까 낮에 엄마 심부름으로 파 사러 시장에 가다가 통장 아저씨가 벽보 붙이는 것을 보고 알았어요."

그랬다.

미화는 승자에게서 동생들의 핀을 되찾아 주곤
집에 오자마자 말없이 물초롱을 지고 곧장 나갔던 것이다.
"얼마나 기다린 거야?"
길게 늘어서 있는 물초롱들로 보아
족히 두어 시간은 서 있었을 것이라 생각하니
엄마는 은근히 속이 상했다.

'어린 것이……'
가난한 살림에 동생이 주렁주렁 넷이나 되는
미화의 무거운 어깨가 늘 미안했기에
엄마는 마음속으로 한없는 눈물을 흘리곤 했다.

"엄마! 힘드신데 양동이는 왜 가지고 나오셨어요?"
미화는 엄마 손에 들려 있던 양동이를
빼앗으며 말했다.

그때 물을 받으려 길게 늘어서 있던 사람들이 수군댔다.
"그러게 맏딸은 살림 밑천이라잖수!"
"나는 아까 쟤가 물초롱 지고 가는 걸 보고
오늘 물차 오는 날이구나 하고 알았당게요?"
"쟨 누굴 닮아서 저렇게 사납고 극성이래요?"
"에미, 애비는 더없이 착한 사람이더구먼."
"쟤 눈, 죽 찢어진 것 좀 보세요."
"전에 제 동생들을 어떤 애가 괴롭혔다고
그애한테 얼마나 사납게 하던지."
사람들은 혀를 내두르며
이구동성으로 미화 이야기를 하고 있었다.

찌리릿!
사나운 미화의 눈초리가
자신에 대해 이야기하는 사람들을 향하자
사람들은 능청스러운 헛기침을 하며
저마다 각자의 하늘을 바라보았다.

"아무튼 보통은 아니에요."

누군가가 종지부를 찍는 말을 내뱉고 나서야
미화는 겨우 도마 위에서 내려올 수 있었다.

이윽고 시원한 물방울이 폭포수처럼
시원한 소리를 내며 양철 물초롱에 쏟아졌다.
"아저씨! 쪼금만, 쪼금만 더요!"
"가득 채워 주세요. 오, 조금 더요오."

한 방울이라도 더 많이 받으려는
큰딸 미화의 말을 자르고 엄마가 말했다.
"아니에요, 그만 됐어요, 아저씨!
아까운 물 다 흘리겠어요. 그만 주세요!"

"미화야, 너무 많이 담으면 길에 다 흘린단다."
"그래도요!"
엄마는 미화의 억지를 꺾으며 물초롱을 옮겨 놓았다.

엄마는 가득 받아 놓은 물초롱을 한쪽에 비켜 놓으며
미화에게 지키고 있으라고 부탁했다.
그러고는 서둘러 물이 담긴 양동이를 들고
힘겹게 집을 향해 걸어갔다.
"미화야, 엄마가 금방 올 테니
기다리고 있어."

쏴아아아.

맑고도 시원한 물이 청량한 소리를 내며

자유로운 바다를 항해하듯

항아리 속에서 출렁인다.

이윽고 또 하나의 양동이가 항아리 속에 담기려 할 때 큰딸 미화의 상기된 목소리가 엄마에게 들려왔다.

"엄마~~"

큰언니 293

미화는 양 어깨에 물지게를 지고
서둘러 재빨리 엄마를 뒤쫓아 왔다.

"엄마가 기다리고 있으랬잖아!
누가 무겁게 메고 올라오랬어!
엄마가 지고 오면 되는데……."

"저도 들 수 있어요. 이것 보세요!"

엄마는 미화가 들고 온 물초롱을
받아 들었다. 물초롱 안에는
반쯤은 어딘가에 흘리고
반쯤 남은 물이
출렁이고 있었다.

미화는 생각보다 줄어든 물을 보며
괜히 욕심을 부렸나 후회했지만
그래도 물 욕심을
버릴 수는 없었다.

한 방울이라도 더 지고 와서
엄마에게 보탬이 되고 싶었던 것이다.

여섯째 아기를 가진 만삭의 엄마는
조금만 무리하면 배가 뭉쳐서
힘들어하셨다.

수도가 아직 들어오지 않은 산동네라
물은 늘 아버지와 장남 명호가 지곤 했다.
아버지가 일하러 가고 안 계신 날에는
늘 장남 명호가 물지게를 졌다.

빨갛게 달아오른
미화의 붉은 볼에는
구슬 같은 땀방울이
이마에서부터 흘러내렸고
심장은 다듬이질하듯
큰 소리로 뛰고 있었다.

물초롱에 담긴 물을 항아리에 붓기 전에
엄마는 부엌으로 달려가 찬장 문을 열고,
몇 개 안 되는 귀한 사기그릇을 꺼냈다.
그리고 방금 길어온 싱싱한 물을 담아
미화의 입술에 갖다 대주었다.

"목 많이 말랐지?"
엄마는 막내 미영에게 밥을 떠먹이듯
큰딸 미화에게 물을 먹여 주었다.

"아! 이제야 좀 살 것 같아요. 물맛이 꿀맛 같아요, 엄마!"
빈 사기그릇을 받고 미화를 바라보는 엄마의 표정엔
흐뭇함이 배어 있었다.
미화는 어느새 텅 빈 물초롱
두 개를 집어 들었다.

"엄마! 저 또 물 길으러 갈게요."

"미화야, 엄마가 갈게.
넌 동생들이나 돌봐주렴."
하지만 미화는 엄마의 말끝을 뒤로 하고
어느새 언덕 아래에 길게 서 있는 물초롱들을 향해
달려가고 있었다.

오후의 햇살에

푸르른 나뭇잎들이 춤출 때

미화는 불어오는 시원한 산바람을 가르며

물지게를 등에 지고 행복한 얼굴로 달려가고 있었다.

"사랑하는 큰딸 미화야.
물초롱보다 더 무거운 짐을
너에게 지워 준 것 같구나.
그러기에 엄마는 언제나 너에게 미안한 마음뿐이란다.
사납쟁이 내 딸, 사랑하는 내 딸 미화야……"

산등성이 아래로
물초롱을 어깨에 메고 달려 내려가는 미화를
엄마는 그렇게 선 채 하염없이 내려다보고 있었다.

미안한 마음으로 맏딸 미화를 바라보는 엄마의 가슴은
지는 노을만큼이나 빨갛게 물들고 있었다.

언니,

기억나?

오래전 그 시절엔

수돗물조차 거친 숨을 헐떡이며

힘겹게 산동네를 올라오곤 했었지.

수도 시설이 미비했던 그 시절

그래서 새벽마다 아버지는 물초롱을 지고

삼청동 깊은 산골 속으로 옹달샘 물을 길으러 가셨었지.

마른 어깨에 힘겹게 메어진,

돌덩이처럼 무겁던 물지게……

그 어린 날, 어린 언니가 지고 온 물초롱의 맑은 물들은

어쩌면 엄마의 시린 눈물이었을지도 몰라.

언니,

그 시절, 그 많던 물지게와

물초롱들은 다 어디로 가버렸을까?

언니의 물지게 지는 솜씨를 다시 보고 싶은데 말이야.

그 시절의 엄마에게 달려가

이제는 내가 엄마 대신, 언니 대신

물을 길어드리고 싶은데 말이야.

작가의 말

『와룡동의 아이들』.

이 책 속에 등장하는 '와룡동'은 내가 유년 시절을 보낸 작은 산동네의 이름이다. 세 살부터 열한 살까지, 인생의 첫 기억들이 깊이 새겨진 그곳은 지금의 서울 종로구 명륜동 3가, 와룡공원이 있는 자리다.

1970년대 초, 새마을운동이 한창이던 시절. 그 무렵 우리 집을 시작으로 마을 전체가 철거되었고, 이후 그 자리에 나무들이 심겨 와룡공원이 조성되었다. 우리의 옛집은 흔적도 없이 사라졌고, 작은 터만이 공원의 일부로 남아 있다.

서울 삼청동 산자락 아래, 아카시아 꽃향기가 아이들 가방 속까지 스며들고, 아이들 발목에는 울긋불긋 낙엽이 쌓이던 동네.

다정한 이웃들이 옹기종기 모여 이마를 맞대고 하루 종일 이야기꽃을 피워도 할 이야기가 늘 남아 있던 그 따뜻한 달동네.

그 시절, 사랑 가득했던 부모님, 형제자매, 코흘리개 친구들이 문득 그리워질 때면, 나는 어느새, 철거되어 공터가 되어버린 그 작은 산마을, 나의 고향 와룡동을 습관처럼 찾아 오른다.

그곳에 가면 어디선가 엄마의 다정한 음성이 들릴 것만 같다.

"미경아, 명호야, 저녁밥 먹어라!"

또 고사리손 마주잡고 놀던 시꺼먼 친구들도 이마에 땀방울을 반짝이며 금방이라도 달려올 것만 같다.

가난 속에서도 찔레꽃처럼 소박한 향기로 웃음을 잃지 않으셨던 어머니. 그러나 우리가 다 크기도 전에 하늘나라로 먼저 떠나셨고, 그 어머니를 너무도 그리워하시던 아버지도 세월이 흘러 이제는 어머니 곁에 계신다.

세상이 아무리 변해도 변하지 않는 사랑. 그 시린 가슴으로 자식을 품어 안아주시는 세상의 모든 부모님께, 그리고 별들을 모른 채 회색빛 담장 안에서 바깥놀이를 잃어버린 젖은 날개의 아이들에게 이 책을 전하고 싶다. 또한 어린 시절, 가난을 통해 따스한 형제애와 부모님의 사랑을 가르쳐주신 영원한 나의 주님께 깊은 감사를 드린다.

이 책이 사랑하는 나의 가족들과 친구들, 이웃들, 그리고 이 세상에 태어나 한 번은 어린이였던 모든 어른에게 겨울날 국화빵 같은 포근한 사랑으로 전해지기를 바란다.

나는 다시 태어난다 해도, 그때도 변함없이 영원한 '와룡동의 아이'이고 싶다.

전하리

추천의 글

50여 년이라는 시간이 흘렀건만,
그 맑고 순수했던 시절이
아직도 마음 깊이 아련하게 떠오릅니다.

유리알처럼 투명했던 우리들의 눈망울,
아카시아 향이 가득하던 골목길,
그리고 늘 우리 곁을 지켜주시던
부모님의 따뜻한 사랑이 그립기만 합니다.

넉넉하지 못한 삶 속에서도
한없는 사랑으로 우리를 품어주셨던 아버지,
눈빛만으로도 사랑을 건네주시던 어머니의 따스한 손길.
그 사랑이 있었기에 우리는
언제나 웃을 수 있었습니다.

아… 정말,
다시 돌아갈 수만 있다면,
와룡동 골목 끝,
부모님의 사랑이 기다리던 그 집으로
달려가고 싶습니다.

- 언니 미화

추천의 글

세상에서 가장 그리운 이름, 어머니.
1970년대 어느 겨울,
첫눈이 소리 없이 내리던 그날이 아직도 생생합니다.
어머니의 경제적 시름을 덜어드리고 싶어
모아둔 용돈으로 호외 신문을 팔아 연탄 두 장을 사서 집으로 돌아왔을 때,
눈 내린 마당을 버선발로 달려 나와
저를 꼭 안아주시던 어머니의 품이
세월이 갈수록 애절하게 그립습니다.

전하리 작가는 마치 타임캡슐처럼
우리 가슴 깊은 곳의 기억을 불러내어
잊고 지냈던 그 시절의 감성을
마치 기도하듯 조용히,
우리 마음속 깊은 곳에 되살려 주셨습니다.

『와룡동의 아이들』은
그 시절, 가난했지만 따뜻했고,
서러웠지만 행복했던 우리의 이야기를
다시금 품게 만드는, 눈물 나도록 아름다운 책입니다.

- 오빠 명호